Wie ein  im Wasser ...

Stufenkonzept zur Vorbeugung und Behandlung von chronischen Erkrankungen nach den Prinzipien der Ganzheitsmedizin

von
Dr. med. Ralf Oettmeier und Dr. med. Uwe Reuter

Fachverlag im LEBEN
Praxisnahes Wissen für
ganzheitliche Gesundheit

Umschlaggestaltung und Satz: Antje Oettmeier
Druck und Bindung: Druckservice Greiz GmbH
Printed in Germany

© 2011 Fachverlag im LEBEN, Gartenweg 2a, 07973 Greiz
Alle Rechte vorbehalten

Dieses Buch ist urheberrechtlich geschützt. Nachdruck, Übersetzung, Entnahme von Abbildungen, Wiedergabe auf photomechanischem oder ähnlichem Wege, Speicherung in DV-Systemen oder auf elektronischen Datenträgern sowie die Bereitstellung der Inhalte im Internet oder anderen Kommunikationsdiensten ist ohne vorherige Genehmigung des Verlages auch nur bei auszugsweiser Verwendung strafbar.

ISBN 978-3-935883-07-2

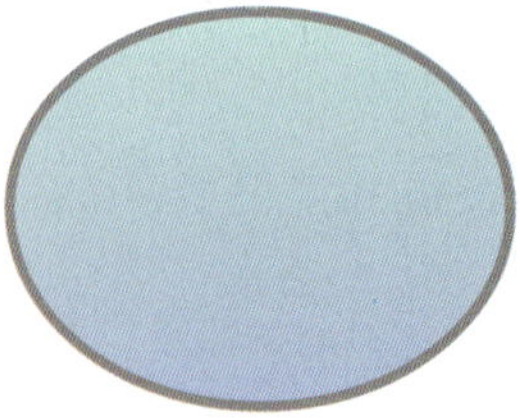

Fische	Wasserpflanze	Wasser
=	=	=
Zellen	Fasern	Zwischenzellsubstanz

Wie ein Fisch im Wasser ...

... sind unsere Organzellen in die so genannte **Zwischenzellflüssigkeit** eingebettet.

Diese besteht zu ca. 70 Prozent aus Wasser, welches wiederum großteils an organische Bestandteile aus Eiweißen und Kohlenhydraten gebunden ist. Das auch als **Grundsubstanz** bezeichnete Zellmilieu wird außerdem je nach Gewebeart von verschiedenen Bindegewebsfasern (analog den Wasserpflanzen) durchzogen. Alle Nahrungsbestandteile, Sauerstoff, Vitamine, Mineralien usw. erreichen erst nach der Passage durch die Grundsubstanz die Zellen. Ebenso gelangen die Stoffwechselprodukte erst in die Grundsubstanz und werden dann ausgeschieden.

So wie für das Überleben der Fische die Qualität des umgebenden Wassers entscheidend ist, rückt sowohl in der Entstehung als auch Behandlung von chronischen Krankheiten und Krebs die Rolle der Grundsubstanz in den Mittelpunkt des Interesses. Jede Art der Störung des Gleichgewichtes zwischen Zellen und umgebenden Zellmilieu führt anfangs zu Funktionsstörungen, später zur Zerstörung, d.h. dem Absterben der Zelle.

Eine Vielzahl von Einflussfaktoren vermögen die Grundsubstanz und damit den Lebensraum der Zellen zu zerstören.

Man unterscheidet hierbei **exogene** (von außen einwirkende) und **endogene** (vom Körperinneren kommende) Störgrößen.

Oft führt erst die Summe von vielen Einzelfaktoren zu krankheitsanzeigenden Symptomen.
Die Gesamtheit der Veränderungen in Struktur und Zusammensetzung der Grundsubstanz nennt man **Verschlackung**. Schlackenstoffe bedeuten dabei insbesondere Eiweißverbindungen, Zwischenprodukte des Stoffwechsels und sämtliche Belastungen mit chemischen Verbindungen und Schwermetallen, welche nicht körpereigen sind. All diese Stoffe gehören nicht in den Körper und sind auscheidungspflichtig.
Die Verschlackung zu vermeiden stellt das Hauptprinzip *ganzheitlicher Prophylaxe* dar. Die Sanierung der Grundsubstanz ist ein Grundanliegen natürlicher *ganzheitlicher Therapie*, sowohl bei chronischen Erkrankungen als auch in der biologischen Krebstherapie.

Die grundsätzliche ganzheitliche Behandlung unterteilt sich in drei Hauptkomponenten:
1. **Sanierung des Terraines** (Ursachen beseitigen, Abbau exogener Störfaktoren, Ausscheidung, Entgiftung, „Entschlackung")
2. **Anregung von Regulation, Regeneration und Harmonisierung** (Modulation und Mobilisation körpereigener Kräfte)
3. **Stabilisierung und Prophylaxe** (ganzheitliche Vorbeugung)

Störfaktoren

endogen

Erbkrankheiten und erbliche Disposition, Narben, chronische Entzündungen, gestörter Säure-Basen-Haushalt, gestörte Ausscheidung durch Niere, Darm (Dysbiose) und Leber/Galle, Abwehrschwäche u.v.a.m.

exogen

geopathische Faktoren, Elektrosmog, Gifte & Schwermetalle, Unfälle, Streß, Kummer, Zorn, Demütigung, Fehlernährung, Sauerstoffmangel, fehlende Bewegung, Medikamente u.v.a.m.

Die Ebenen biologischer Systeme

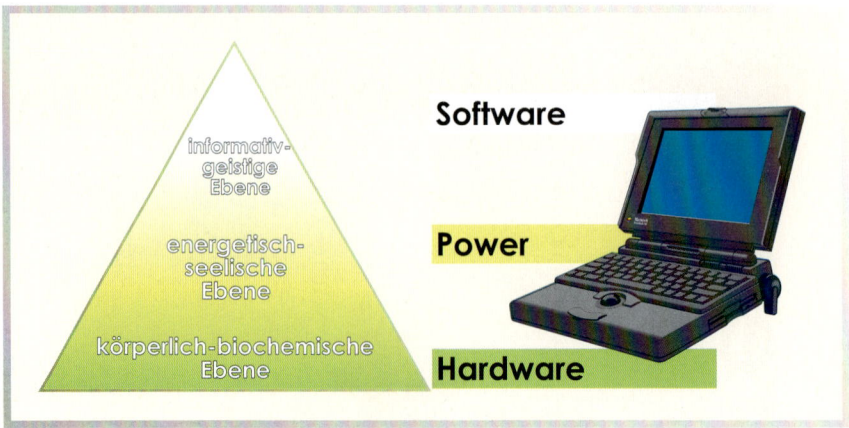

Sämtliche Lebewesen vereinen in sich drei wesentliche biologische Ebenen:

1. die **materiell-somatische** oder **körperliche Ebene**
   (Zellen, Grundsubstanz, Organe, Nervenfasern usw.)
   - ➡ gut sichtbar und messbar
   - ➡ beim Computer = Hardware

2. die **energetische** oder **funktionelle Ebene**
   (Energieabläufe im Körper, Stromfluß, elektromagnetische Vorgänge in Muskeln und Nerven)
   - ➡ nur messbar
   - ➡ beim Computer = Power, Stromanschluss

3. die **informativ-geistige Ebene**
   (Informationsverarbeitung, Psyche, Emotionen, Gefühle, Intuition)
   - ➡ nicht sichtbar und kaum messbar
   - ➡ beim Computer = Software, Update, Vernetzung, Internet

Eine Vielzahl von Untersuchungs- und Behandlungsmethoden aus dem Bereich der Ganzheitsmedizin werden durch die Standardmedizin und von den durch Kostenträger beauftragten Gutachtern abgelehnt, weil man sich deren Wirkmechanismen nicht „vorstellen" kann oder weil man nicht alles sehen, greifen oder messen kann. Und dennoch wirken viele dieser noch allgemein angezweifelten Methoden gegenüber den unterschiedlichsten Gesundheitsstörungen.

Auch in der auf Seite 6 dargestellten Pyramide wurden im Bereich der Pyramidenspitze drei Buchstabenzeilen hineingeschrieben. Nur weil das Auflösungsvermögen unserer Augen dies nicht vom Hintergrund unterscheiden kann, d.h. die Sensibilität für diesen kleinen Farbtonunterschied fehlt, kann man diese Tatsache doch nicht ableugnen, oder?

Unsere Vorstellungskraft darf nicht allein durch die Empfindlichkeit der Sinnesorgane oder Messinstrumente begrenzt werden! Auch Gefühle, Emotionen jeder Art oder Liebe sind vorhanden, obgleich sie nur derjenige akzeptieren kann, welcher diese einmal erleben konnte ...

Eine Vielzahl von wirksamen biologischen Verfahren arbeiten im energetischen und informativen Bereich und können oftmals nur mittels indirekter Verfahren (z.B. Filter) mess- und sichtbar werden.

Die tägliche Praxis gibt uns recht, so wie auch die nebenstehende Abbildung keine Zweifel offen lässt.

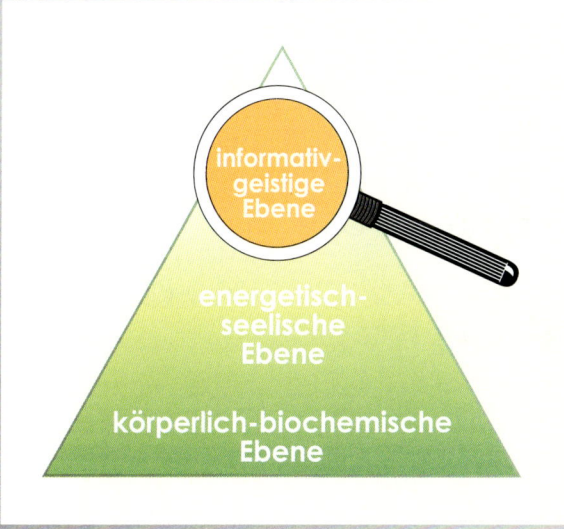

Behandlung nach Wichtigkeit, Ebenen und Stufen

Bei der Auswahl von Behandlungen geht es einzig darum, Methoden für einen zielgenauen Einsatz auszuwählen und nicht etwa weil sie gerade modern sind oder Ihnen irgend jemand etwas aufzwingen will. Sie sollen mit entscheiden, was Ihnen vielleicht sogar selbst besonders wichtig (prioritär) erscheint und empfinden, welche Ebene **jetzt** zu behandeln ist.

1. Therapie nach Wichtigkeit

Die Therapie nach Wichtigkeit oder Priorität stellt das grundsätzliche Prinzip der Vorgehensweise im Rahmen einer Behandlung dar. Dabei sollte der Patient selbst über die Wichtigkeit der Behandlungen zusammen mit einem Therapeuten seiner Wahl entscheiden und dann die Reihenfolge nach der Priorität der einzelnen Therapieschritte festlegen.

Eine Karte führt zum Zusammenfall des gesamten Kartenhauses. Bei einer Krankheit die wichtigste Ursache zu behandeln führt oft schon zur Auflösung.

2. Therapie nach Ebenen

Die Therapie nach Ebenen geht von der Erkenntnis aus, dass chronische Krankheiten und Krebs alle drei Körperebenen erfassen und diese demzufolge nach ihrer Wichtigkeit behandelt werden müssen.

Schema der Behandlung nach Wichtigkeit (Priorität) in Ebenen und Stufen - Hier hat z.B. die seelisch-energetische Ebene Priorität, und in dieser wiederum eine bestimmte Stufe.

3. Therapie nach Stufen

Die Stufentherapie setzt auf allen Ebenen an und arbeitet nach folgenden Prinzipien:

- *„Tore öffnen"*
  ... z. B. Darmreinigung
- *„Müll entsorgen"*
  ... z. B. Entgiftung
- *„Regenerieren"*
  ... z. B. Organextrakte
- *„Harmonisieren"*
  ... z. B. psychoenergetische Verfahren
- *„Stabilisieren"*
  ... z. B. Vitamine, gesunde Kost, allgemeine Vorbeugung

1. Stufe: Ursachen beseitigen
Eine dauerhaften Heilerfolg kann man nur erwarten, wenn wesentliche Krankheitsursachen erkannt und beseitigt wurden.
In dieser Stufe finden Sie die diesbezüglichen Hauptfaktoren wieder.

2. Stufe: Entschlackung
Liegen sichere Hinweise auf eine Verschlackung oder Giftbelastung der Körpergewebe vor, so können Sie diesen mit gezielten ausleitenden und reinigenden Verfahren entgegen treten, d.h. der „Müll" muss raus.

3. Stufe: Regeneration
Regeneration bedeutet Wiederaufbau von zuvor geschwächten Geweben, Organen und Systemen. In allen Körperebenen gelingt auf diese Weise die Selbstheilung oder zumindest Funktionsverbesserung.

4. Stufe: Harmonisierung
Erst mit einer Harmonisierung der Vorgänge im Körper, seiner Biochemie und seines geistig-seelischen Befindens ist Gesundheit vollkommen. Der Zustand benötigt fortwährende Anstrengungen zur Stabilisierung.

Ursachen beseitigen

1 *Schlafplatz, Geopathie, Umweltgifte*

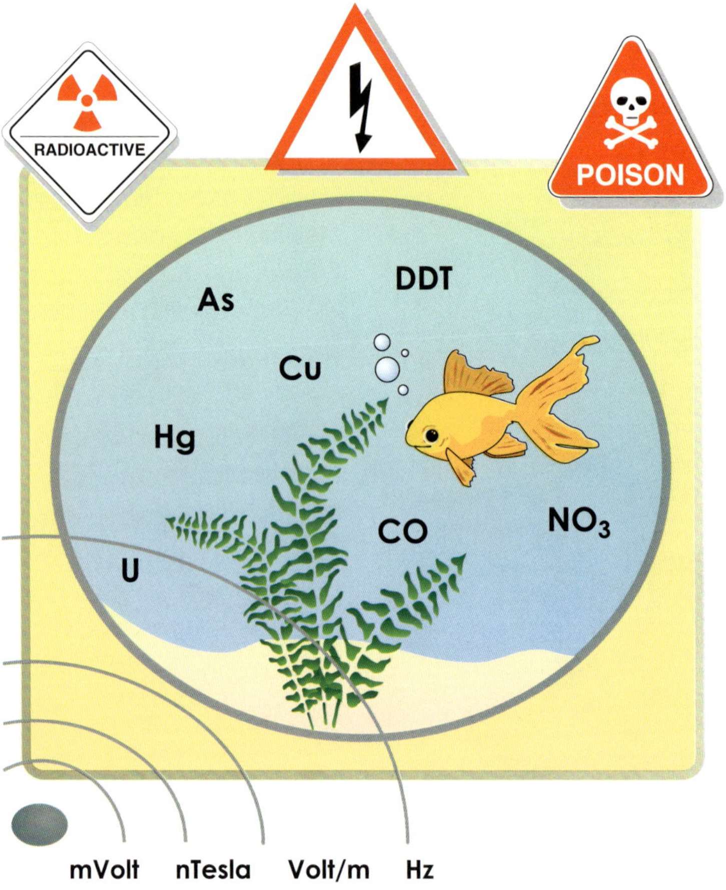

As, DDT, Cu, Hg, CO, NO₃, U

mVolt nTesla Volt/m Hz

- BANIS, U.: Erdstrahlen und Co. Haug-Verlag Heidelberg • BRAUN, D.: Zeitbombe im Wohn- und Schlafraum. Artisana Verlag Bad Ems
- DIETEL, K.: Krank durch Erdstrahlen, Goldmann-Verlag München
- MAES, W.: Elektrosmog, Wohngifte und Pilze. Haug-Verlag Heidelberg
- WOHLFEIL, J.: Gesund wohnen, gesund schlafen - Elektrosmog und Wohngifte vermeiden. W. Jopp Verlag, Wiesbaden

1 Schlafplatz, Geopathie, Umweltgifte

Ursachenfaktoren
- **Elektrosmog** im Schlafbereich durch elektrische und magnetische Wechselfelder, Radio- und Mikrowellen, elektrostatische Aufladungen (Teppiche, Gardinen)
- **radioaktive Strahlung** (ionisierte Strahlung) aus Baustoffen
- **geopathische Störungen** (harte Neutronenstrahlung, UKW-Bereichsverzerrungen, Wasseradern)
- **Verzerrung des Erdmagnetfeldes** (Federkernmatratzen, Metallrahmen, Heizkörper)
- **Schadstoffe** (Asbest, Benzol, Formaldehyd, Insektizide, Pestizide, Herbizide)
- **Trinkwasserqualität** (pH-Wert, Leitwert, Redoxpotential, Schadstoffe)
- **Licht** (Intensität, Spektrum)
- **Lärm** (Dauerbelastung an Arbeits- und Wohnstätte)

Baubiologische Sanierung
1. Entfernung oder Abschaltung von Elektrogeräten im Schlafzimmer, Netzfreischalter, Abschirmungen
2. Optimierung der Erdung von Elektrogeräten
3. Nutzung natürlicher Bodenbeläge (Kork, Parkett, Dielen, Belag ohne PVC-Beschichtung), antistatische Behandlung
4. metallfreie Matratze, Holz-Lattenrost, metallfreies Bettgestell, optimale Schlafrichtung Nord-Süd mit Kopf im Norden
5. Entfernung radioaktiv belasteter Baustoffe
6. lösungsmittelfreie Anstrichstoffe, Verwendung von Naturfarben

Verbesserung der Trinkwasserqualität
- mineralarmes Tafelwasser
- Trinkwasserreinigung durch Filtersysteme
- physikalische Wasserenthärtung
- energetische Aufwertung

2 Anregung der Entgiftung

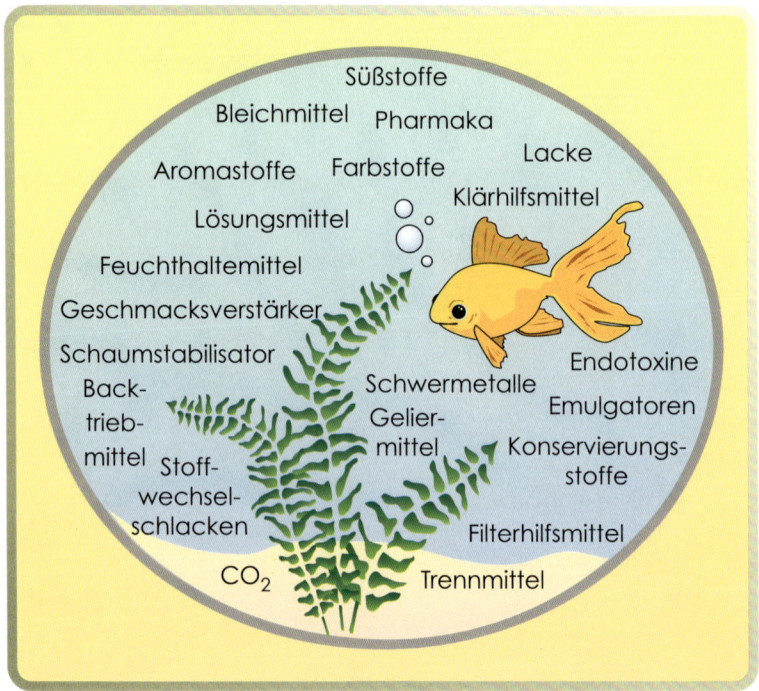

... alles was wir essen, trinken, atmen und was unser Körper daraus macht ..

• LECHNER, J.: Zahntoxine und Tumorgenese. Vortrag Kirchzarten Krebs-Symposium 10/2000 • RAUCH, E.: Blut- und Säftereinigung. Haug-Verlag • RAUCH, E.: Darmreinigung mit der F.X. Mayr Therapie. Haug-Verlag • REUTER, U. / OETTMEIER, R.: Biologische Krebsbehandlung heute - Sag' JA zum Leben. Fachverlag im LEBEN Greiz

2 Anregung der Entgiftung

über die Atmung
- Singen
- Bewegung an frischer Luft
- Wandern, körperliche Arbeit, Jogging
- Atemgymnastik u. -therapie
- Atemmeditation

über Leber und Galle
- Behandlung mit Schöllkraut, Mariendistel, Lebermoos u.a. Pflanzenpräparaten
- Leberwickel
- Arginin, Ornithin, Olivenöl

über den Darm
- Ballaststoffe
- Darmreinigungskuren (z.B. nach F.X. MAYR)
- Trinkkuren
- Einlauf, Klistier, KUHNE-Stitzbad
- Colon-Hydro-Therapie

über Haut und Schleimhäute
- Schwitzen, Sauna
- Packungen, Waschungen, Bürstungen
- Cantharidenpflaster
- Blutegel
- Baunscheidt-Behandlung

über die Niere
- Trinkkur mit Heiltees (Brennessel, Löwenzahn, Birkenblätter, Holunder)
- Trinkkur mit mineralarmem oder reinem Wasser
- Trinken von Frucht- und Gemüsesäften

allgemeine Maßnahmen
- Aderlass, Lymphdrainage
- Infusionen, Reflexzonenmassage
- phytotherapeutische, homöopathische und spagyrische Mittel zut Anregung der Entgiftungssysteme
- körperliche Arbeit, Schwitzen
- Procain-Basen-Therapie

3 Störfelder, Herde, Zahnsanierung

Herd = krankhaft verändertes Gewebe

Störfeld = Herd mit Fernwirkung

• Kieler Amalgamgutachten, Universität Kiel 1997 (Bezug mögl. über GZM e.V., Seckenheimer Hauptstraße 111, D-68239 Mannheim)
• DOSCH, P.: Wissenswertes zur Neuraltherapie nach Hunecke. Hülthig-Medizin-Verlag Stuttgart • ADLER, E.: Störfeld und Herd im Trigeminusbereich, VfM Verlag Heidelberg • LECHNER, J.: Zahntoxine und Tumorgenese. Vortrag Kirchzarten Krebs-Symposium 10/2000

3 Störfelder, Herde, Zahnsanierung

Störfelder im Kopfbereich
- Mandeln = Tonsillen (chronische Reizung, Narben nach Entfernung)
- Ohren (wiederholte Entzündungen, nach operativen Eingriffen)
- Nasennebenhöhlen (wiederholte Entzündungen, nach operativen Eingriffen)
- Zähne (kariös, Wurzelgranulome, Wurzelspitzenresektion, avitaler Zahn, impaktierter Zahn, Wurzelrest, Restostitis, Implantate u.a.)

Störfelder im Beckenbereich
- Darm, Harnwegs- und Sexualorgane (Adnexitis, Prostatitis, Zystitis u.a.)

sonstige Herde
- Operationsnarben, Fremdkörper, Splitter

Blockierungen
- Wirbelkörpergelenke, Extremitätengelenke, im kraniosakralen System

Untersuchung
- manuelle Diagnostik
- Hautwiderstandsmessgerät
- Elektroakupunktur nach VOLL
- Kinesiologie, SkaSys®-Test
- Thermographie nach Prof. ROST
- Nackendruckpunkte
- Testinjektion
- RAC, Aurikulomedizin
- Biotensor
- DFM, BFD, PROGNOS®

Behandlung

1. Neuraltherapie
- Umspritzung von potentiellen Störregionen mit Lokalanästhetika
- Behandlung über Nerven-, Gefäß- und Lymphbahnen
- Heilanästhesie an Nervensteuerpunkten

2. manuelle Therapie
- Lösen von sog. Blockierungen durch spezielle chirotherapeutische Griffe und Muskeltechniken

3. Zahnsanierung

4. Behandlung mit speziellen Arzneimitteln nach Vortestung (Homöopathika, Nosoden, Isopathika u.a.)

5. Darmsanierung

4 Allergien, Schwermetalle

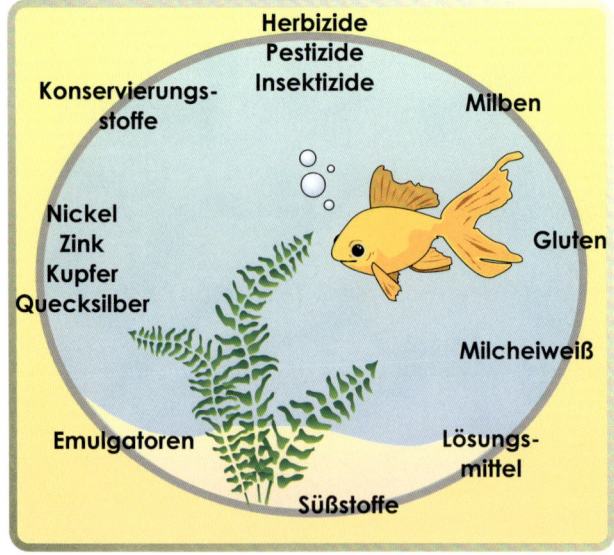

Allergie
Spezifische Reizantwort des Immunsystems auf ein Allergen als Hautreaktion (Rötung, Quaddelbildung, Bläschen), Schleimhautentzündung (Stomatitis, Durchfall) bis hin zum anaphylaktischen Schock.

Überempfindlichkeit
Unspezifische Reizreaktion des Körpers auf Allergene bei negativen allergologischen Testergebnis (häufig).

chronische Vergiftung
Schleichender Prozess einer Überlastung des Körpers mit Giftstoffen ohne positiven Allergietest.

- DIEL, F. / DIEL, E.: Allergien. Heilerfolge mit einer ganzheitlichen Behandlungsmethode. Pabel Moewig 1996 • FLADE, S.: Allergien natürlich behandeln. Gräfe München 2001 • Kieler Amalgamgutachten, Universität Kiel 1997 (Bezug mögl. über GZM e.V., Seckenheimer Hauptstraße 111, D-68239 Mannheim) • MUTTER, J.: Amalgam. Risiko für die Menschheit. Quecksilbervergiftung richtig ausleiten. Natura Verlag Waldthausen

4 Allergien, Schwermetalle

Amalgam (Schwermetall)
- zahnärztlicher Füllwerkstoff, welcher Quecksilber, Kupfer, Zinn und andere Schwermetalle enthält und in Abhängigkeit von Mundmilieu, Oberfläche und mundgalvanischen Effekten dauerhaft anorganisches Quecksilber abgibt
- Aufnahme über Schleimhaut und Zahnmark (Pulpa)
- schnelle Ablagerung in Gewebe und Gehirn (dort Halbwertszeit von 18 Jahren)
- Symptome schleichender Intoxikation (Schwäche, Müdigkeit, Konzentrationsmangel, Infekte, Schlafstörungen, Gesichtsekzeme usw.)

Testmethoden
- hautärztliche Testsätze (Pflaster, Prick, Scratch)
- Muskeltest (Kinesiologie, Armlängenreflex n. ASSCHE), SkaSys®-Test
- Elektroakupunktur nach VOLL (EAV)
- RAC, Aurikulomedizin
- Karenztest (für einige Wochen potentiellen Stoff weglassen)
- Lymphozytentest (Spezialtest im Umweltlabor)
- Schwermetall-Mobilisationstest nach DAUNDERER

Behandlung
- Eliminationsdiät, Vitamine, Mineralstoffe, Algenpräparate, Naturstoffe
- Grundsubstanzaktivierung, Entgiftung („Mesenchymentschlackung")
- spezifische Therapie mit Homöopathika, Spagyrika und Nosoden
- energetisch ausgleichende Akupunktur, Ohrakupunktur
- Procain-Basen-Therapie, Aslan-Therapie

5 Energiegleichgewicht

YIN — YANG
Leere — Fülle

• BISCHOFF, M.: Biophotonen, das Licht in unseren Zellen. 2001 Verlag Franfurt/ M. • SHARAMON, S.: Das Chakra-Handbuch, Windpferd Verlag Aitrang • WARNTKE, U.: Risiko Wohlstandsleiden. Popular Academic Verlags-Gesellschaft • REUTER, U. / OETTMEIER, R.: Biologische Krebsbehandlung heute - Sag' JA zum Leben. Fachverlag im LEBEN Greiz • KALASHATRA, G.: Atlas der Chakras. Ludwig

5 Energiegleichgewicht

Mangel an Energie   YIN
- meist bei chronischen Krankheiten
- charakterisiert durch Schwäche, Kälte, fehlende Spannung, Depression, Mangel an Lebenswärme

Behandlung
1. warme Vollbäder mit ansteigender Temperatur, heiße Wickel
2. Physiotherapie, Kneipp'sche Anwendungen, Ölbäder, Moor
3. Förderung des Yang im Sinne der Makrobiotik (Ei, Fisch, Salzprodukte, Buchweizen, Hülsenfrüchte, warmes Essen)
4. Vermeiden schwächender Nahrungsmittel (Weizenbrot, Zucker) und Drogen
5. Akupunktur mit vorwiegender Anregung wie Moxa, Laser
6. psychischer Aufbau, Meditation (Hoffnung, Vertrauen, Wärme erzeugen)
7. Bioresonanz- und Magnetfeldtherapie

Übermaß an Energie   YANG
- Hitze, Schwitzen, Hochdruck, akute Krankheit
- zuviel Essen und Trinken, Übergewicht
- allgemeines Übermaß an Energie

Behandlung
1. Voll- und Fußbäder mit absteigender Temperatur, Solebäder und -einreibungen
2. Heilfasten
3. blutiges Schröpfen, Aderlaß
4. allgemeine körperliche Aktivierung
5. gezielte Ernährung im Sinne der Trennkost und Makrobiotik (Rohkost, salzarm, fleischarm, viel Obst, kalte Getränke, mineralarmes Tafelwasser, Vollkornprodukte)
6. Akupunktur mit vorwiegender Sedierung und Akupunktmassage
7. Magnetfeldtherapie
8. Meditation, Entspannung

6.1 Darmreinigung, Symbioselenkung

Von einem Drittel lebt der Mensch, von zwei Dritteln leben die Ärzte.

Gut gekaut, ist halb verdaut.

Gut verdauliche Rohkost ist Lebenskost.

Balaststoffe
Eiweiß
Wasser
Kohlenhydrate
Fett

Der Zustand eines Ofens bestimmt in erster Linie seine Heizkraft, auch wenn hochwertiges Heizmaterial verwendet wird.

Ca. 80% unserer Zivilisationskrankheiten sind ernährungsbedingt.

Grundfehler beim Essen
- zuviel, zu schnell, zu hastig
- zu konzentrierte Kost
- zu viel Unterschiedliches
- zu viel „weiße Gifte" (Zucker, Weißmehl, Salz)
- zu wenig Ballaststoffe
- zum Essen zu müde (körperlich, geistig und seelisch)
- zu viel Genußmittel

- FINCK, H. / MONTIGNAC, M.: Die Montignac-Methode für Einsteiger. Artulen Verlag Offenburg • HOFFMANN, K.: Revolution in der Küche. Vier Flamingo Verlag Rheine • MINDELL, E.: Die Vitamin-Bibel. Heyne Buch • POPP, F. A.: Die Botschaft in unserer Nahrung. Fischer Verlag • SEARS, B. / LAUREN, B.: Das Optimum - Die Sears-Diät. Econ München-Düsseldorf

6.1 Darmreinigung, Symbioselenkung

Eine gesunde, vollwertige Ernährung ist an eine optimale Darmfunktion gebunden. Bei Blähungsneigung, Verstopfung, Durchfällen und vor einer Ernährungsumstellung sollte deshalb eine Darmreinigung mit anschließender Optimierung der gesunden Bakterienschutzschicht (sog. Symbioselenkung) durchgeführt werden. Mittels mikroökologischer Stuhluntersuchung im Speziallabor erfolgt eine genaue Analyse der Stuhlzusammensetzung und der vorhandenen Bakterien und Pilze, und gibt damit detaillierten Aufschluss über die Zusammensetzung der Darmflora.

Das Heilfasten (nach F.X. MAYR oder BUCHINGER) stellt eine konsequente Methode der Darmreinigung und -schonung dar. Die unter Führung eines erfahrenen Therapeuten durchgeführte **F.X. MAYR-Behandlung** setzt sich aus vier grundsätzlichen Komponenten zusammen:
- **SCHONUNG** des Verdauungstraktes durch Aufnahme von wenig, gut verdaulicher Nahrung, allgemeine Ruhe und Entspannung,
- **SÄUBERUNG** durch Einnahme von abführenden Mitteln, reichlich Trinken, Massagen und Kneipp´sche Anwendungen,
- **SCHULUNG** durch Optimierung der Esskultur und Kautraining,
- **SUPPLEMENTIERUNG** (Ergänzung, Ersatz) bei Mangelerscheinungen (Mineralien und Basenpulver, Vitamine, Vitalstoffe).

Die Colon-Hydro-Therapie ermöglicht sehr effektiv eine vollständige Dickdarmreinigung und stimuliert die Lymphe im Bauch sowie die Bildung von Schleimhaut-Antikörpern (sekretorisches Immunglobulin A).

Symbioselenkung bedeutet den stufenweisen Aufbau der Darmflora mit biologischen Darmpräparaten und gewährleistet - ggf. unterstützt durch eine Eigenimpfstoffeinspritzung (sog. Autovaccine-Therapie) - in Kombination mit Diätrichtlinien, Naturjoghurts, Süßmolke, Kefir, Brottrunk und balaststoffreicher Nahrung eine intakte Darmflora.

6.2 Gesunde Ernährung

Die Grundsäulen einer gesunden Esskultur nach F.X. MAYR

weniger Essen	• vermeiden Sie, zu viel zu essen • nur bis zum Sättigungsgefühl essen
langsam mit Ruhe und Konzentration	• vermeiden Sie, zu schnell zu essen • gut kauen (30-50 mal) und einspeicheln
einfache Kost	• vermeiden Sie, zu viel durcheinander und zu konzentrierte Kost zu sich zu nehmen
die beste Verdauungszeit ist Vormittags/ Mittags	• vermeiden Sie, nach 16°° Uhr Schweres und Rohkost zu essen
geringe Mengen	• bei Schwäche und Müdigkeit
Verzicht	• Weißzucker, Weißmehl, Kochsalz • Genussgifte (Kaffee, Alkohol, Nikotin, Schwarzer Tee, Drogen)

• D'ADAMO, Dr. P. J.: Vier Blutgruppen - Vier Strategien für ein gesundes Leben. Piper-Verlag München-Zürich • HELLMISS, M. / SCHEITHAUER, F.: Heilfasten nach F.X. Mayr. Südwest-Verlag München • RAUCH, E.: Die F.X. Mayr-Kur. Haug Verlag Heidelberg • RAUCH, E.: Die Darmreinigung nach F.X. Mayr. Haug Verlag Heidelberg • STOSSIER, H., HAHN, M.: F. X. Mayr - Medizin der Zukunft. Haug Verlag • SCHILLING, J.: Kau´ Dich gesund ! Ehrenwirth Verlag

6.2 Gesunde Ernährung

Grundprinzipien gesunder Ernährung
1. gute Esskultur (Zeit nehmen, Konzentration, nie müde, gut kauen, nicht spät abends essen)
2. Kauen und Ausschmecken der Nahrung als Vorverdauung (50x kauen)
3. naturbelassene Kost, ohne Konservierungs- und Farbstoffe (möglichst biologischer Anbau)
4. 70 - 80% basenreiche Kost, einheimische Obst- und Gemüsesorten in gut verdaulicher Form durch schonende küchentechnische Aufbereitung
5. genügend Rohkost (Salate, Obst, Keime) 30 Minuten vor dem Frühstück oder Mittag, da nur dann eine gute Verdauung möglich ist
6. Trennung von schwer verdaulichen Eiweißen und Kohlenhydraten (Trennkost), aber auch von unverträglichen Gemüsesorten (z.B. Gurke - Tomate)
7. reichlich Trinken (mineralarmes stilles Wasser, reines Wasser, Gemüsesäfte)
8. statt Zucker natürliche Süßstoffe verwenden (Honig, Ahornsirup, Rohrohrzucker, Ursüße, Melasse u.a.) - langsam Süßstoffe reduzieren.

Typgerechte Ernährung
Wie in jedem Bereich des menschlichen Lebens sollte man auch bei der Auswahl der Nahrungsmittel individuell und logisch vorgehen. Folgende Ernährungstypen haben sich praktisch besonders bewährt:
- Ernährung **nach** der **Blutgruppe** (D´ADAMO),
- Ernährung **nach Stoffwechseltyp** (SEARS, MONTIGNIAC, WALCOFF),
- Ernährung **nach** dem **Trennkostprinzip**
- säurefreie **Kost** (HOFFMANN)
- Ernährung nach energetischen Prinzipien der Traditionell-Chinesischen Medizin (**makrobiotische Kost**)

Prinzipiell sollte man nach erfolgreicher Darmsanierung und Kostumstellung seine gesunden Sinne und Instinkte für gesunde Ernährung schulen und einsetzen.

7 Säure-Basen-Haushalt

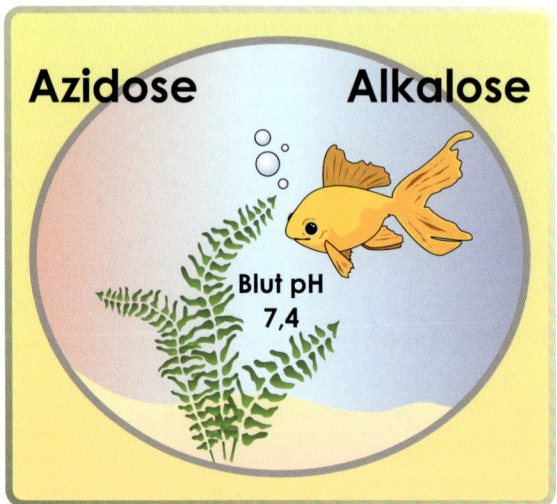

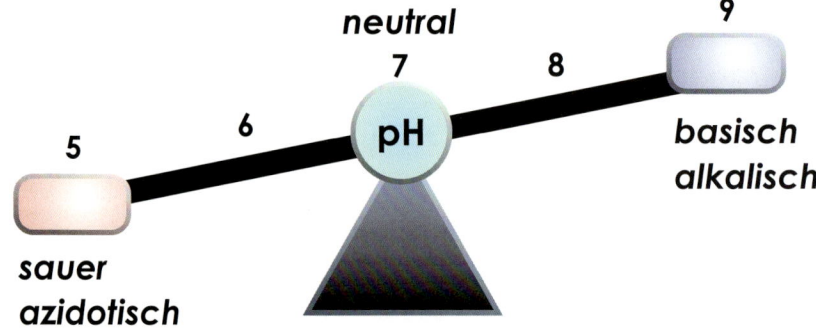

- BACHMANN, R. M.: Natürlich gesund durch Säure-Basen-Gleichgewicht. Trias-Verlag Stuttgart 1998 • REUTER, U. / OETTMEIER, R.: Biologische Krebsbehandlung heute. Fachverlag im LEBEN Greiz
- WORLISCHEK, M.: Der Säure-Basen-Haushalt. Hüthig Medizin-Verlag Stuttgart • WORLISCHEK, M.: Wie Sie Ihren Körper wirkungsvoll entsäuern. Hüthig Medizin-Verlag Stuttgart • BECK: Durch Entsäuerung zu seelischer und körperlicher Gesundheit. Buchdienst Oetinger Öhringen-Ohrnberg

7 Säure-Basen-Gleichgewicht

Blut-, Gewebe- und Intrazellular-pH liegen unter optimalen Bedingungen konstant bei 7,4. Der pH-Wert im Speichel und Darm sollte bei 7,5 bis 8,0 liegen. Auch der Urin-pH liegt bei ausgeglichenem Säure-Basen-Status um 7,0.

Die chronische Übersäuerung der Gewebe führt zur Wassereinlagerung, Störung von Stoffwechselfunktionen und zur sog. Gewebeazidose.

Symptome der Übersäuerung
- Sodbrennen, Darmgärung, Karies, brennende Schmerzen, rheumatische Beschwerden, Wetterfühligkeit, gichtige Beschwerden
- psychisch „sauer" (Reizbarkeit, Depression, schlechte Laune)
- saurer Urin und Schweiß

Therapie
1. richtige Ernährung
    - **80% neutrale Kost** (stilles, mineralarmes Wasser, reines Wasser, naturbelassene Fette und Öle)
    - **besonders basenreiche Kost** (Kartoffeln, Sahne, Wurzelgemüse, Wild- und Gewürzkräuter, Oliven)
    - **Vermeiden von Säurespendern** (Fleisch, Wurst, Käse, Quark, Senf, Essig)
    - **Vermeiden von Säureerzeugern** (Fabrikzucker, Süßigkeiten, Schokolade, Speiseeis, Weißmehlprodukte, poliertes Getreide und Reis, Bohnenkaffee, Limonade, Cola)
2. Einnahme und Zuführung von Basen
    - in Form von Getränken
    - Procain-Basen-Therapie
3. Bewegung und körperliche Arbeit

8 Sauerstoff, Vitamine und Nährstoffe

> **Die beste Sauerstofftherapie ist eine vernünftige Bewegung und Ausgleichssport.**

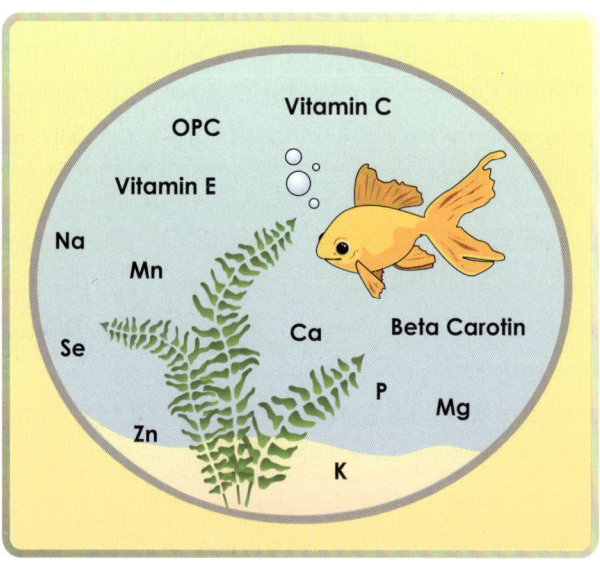

- ARDENNE, M.: Sauerstoff-Mehrschnitt-Therapie. Thieme Verlag Stuttgart
- ENGLER, I.: Wasser. Sommer Verlag • MOHR, P. / VOGES, S.: Sauerstoff- und Ozon-therapie. Aescura München • OBERBEIL, K.: Fit durch Vitamine. Südwest München • PFLUGBEIL: Vital Plus. Ulstein • MINDELL, E.: Die Vitamin Bibel. Heyne • MINDELL, E.: Die Nährstoffbibel. Heyne
- PAULING, L.: Das Vitaminprogramm. Goldmann • HANNES, H.: Nahrungsergänzung im Trend. Windpferd • KINON, U.: Topfit mit Vitalstoffen. Falken • OBERBEIL, K.: Fit durch Vitamine. Südwest • POPP, F. A.: Die Botschaft der Nahrung. Fischer

Sauerstoff, Vitamine und Nährstoffe

Chronische Krankheiten gehen infolge von Störungen der Zellatmung immer mit einem Sauerstoffmangel einher. In der Therapie wird Sauerstoff zum Medikament.
Dabei finden verschiedene Verfahren Anwendung:

Hämatogene Oxydationstherapie
Venöses Blut wird mit O_2 aufgeschäumt, über eine UV-Lampe geleitet und zurückinfundiert.

Ozontherapie
Ozon wird - ggf. mit Eigenblut gemischt - als Injektion, Infusion, Darminsufflation oder Begasung zur Anwendung gebracht.

Sauerstoffmehrschnitt-Therapie (SMT)
Einnahme von hochdosiertem Vitamin C, B1, Magnesium und Zink; dann 1 bis 2-stündige Einatmung von molekularem O_2, meist kombiniert mit Bewegungstraining.

ionisierte Sauerstoff-Therapie
Weiterentwicklung der SMT, wobei entsprechend dem Biotonus des Patienten (vegetative Ausgangslage) der O_2 positiv oder negativ ionisiert dem Patienten als Inhalation, Aerosol oder lokaler Begasung verabreicht wird.

Bei chronischen Erkrankungen besteht oft ein Mangel an bestimmten Vitaminen, Mineralstoffen und Spurenelementen, welche ergänzt werden sollten. Es empfiehlt sich eine gezielte Testung des Vitalstoffbedarfs oder das Stellen einer Indikationsanfrage an kompetente Ansprechpartner (z.B. *gesundheitsshop@planet.nl*). Die Präparate sollten frei sein von Konservierungsstoffen. Natürliche Vitamine sind künstlich (synthetisch) hergestellten unbedingt vorzuziehen. Bei der ASLAN-Therapie wird zusätzlich Procain verabreicht.

häufig müssen ergänzt werden:
- Antioxidantien wie Vitamin C mit Bioflavoiden (auch als OPC), Beta Carotin, Vitamin E, Selen, Zink, Kupfer, Mangan u.a.)
- B-Vitamine, Mineralien und essentielle Aminosäuren, Pflanzenstoffe

Bei Mineralstoffen kommt es auf ein ausgewogenes Verhältnis an. Organisch gebundene und damit natürliche Mineralstoffe aus der Nahrung haben gegenüber Einzelanfertigungen in Tablettenform absoluten Vorrang.

9 naturheilkundliche Arzneimitteltherapie

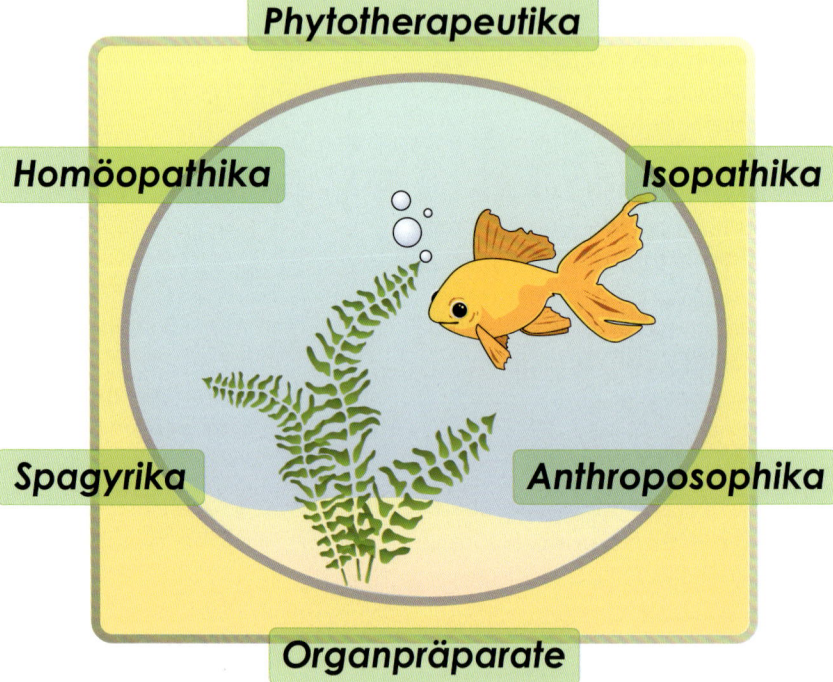

- Phytotherapeutika
- Homöopathika
- Isopathika
- Spagyrika
- Anthroposophika
- Organpräparate

- HARISCH, G.: Jenseits vom Milligramm. Springer • HEINZ, U. J.: Spagyrik. Die medizinische Alternative. Diagnostik und Therapie in der spagyrischen Heilkunst. Hermann Bauer Verlag, Freiburg • KREBS, H.: Praxis der SANUM-Therapie. Semmelweis-Verlag • LINHART, P.: Die unsichtbare Macht der „Endobionten". Dunkelfeld-Blutdiagnostik und Isopathie nach Professor Dr. Günther Enderlein. Semmelweis-Verlag
- MÖLLINGER, H.: Die Kraft der kleinen Kugeln, Sonntag Verlag
- REUTER, U. / OETTMEIER, R. : Biologische Krebsbehandlung heute. Fachverlag im LEBEN • SCHUMANN, H.: Thymus-Extrakte. Die hilfreiche Therapie bei Krebs, Alterserkrankungen, Rheuma. Sommer-Verlag
- VETOULKAS, G.: Homöopathie - Medizin der Zukunft. Sonntag Verlag
- WEISS, R. F.: Moderne Pflanzenheilkunde. Kneipp Verlag

9 *naturheilkundliche Arzneimitteltherapie*

Homöopathie

In der Homöopathie wird mit einem potenzierten Medikament nach dem SIMILE-Prinzip behandelt.

In der *klassischen Homöopathie* verordnet der Homöopath nach konsequenter ganzheitlicher Erhebung von Krankheitszeichen und Befindlichkeitsstörungen unter Einbeziehung der Gesamtkonstitution ein Einzelmittel.

In der *Komplexhomöopathie* kommen sog. Mischpräparate mit bestimmter Beziehung zu Organen, Krankheitsgruppen oder Körpersystemen zur Anwendung.

Sonderformen stellen Nosoden (potenzierte Krankheitsstoffe), Isopathika, Spagyrika, homotoxische und anthroposophische Mittel dar.

Phytotherapie

Phytotherapeutika sind überwiegend aus Pflanzen hergestellte Arzneimittel, welche sich auf der jahrhundertealten Erfahrungsheilkunde der Volksmedizin gründen. Sie finden als Tees, Tinkturen oder Tabletten Anwendung und haben oft einen stimulatorischen Charakter auf bestimmte Organe oder Organsysteme.

Organotherapie

Die Organotherapie umfasst die Behandlung mit allergiefreien- oder reduzierten Zellfragmenten von ausschließlich gesunden und embryonalen Geweben. Zerstörte oder in ihrer Funktion eingeschränkte Gewebe werden dadurch in ihrer Regeneration stimuliert oder sogar ersetzt. Von besonderer Wirksamkeit sind ultrafiltrierte und Konservierungsstoff-freie Gesamtextrakte, sog. Organfrischextrakte (wie z.B. aus Thymus, Milz, Placenta, Mesenchym u.a.m.).

Abwehrkräfte stärken

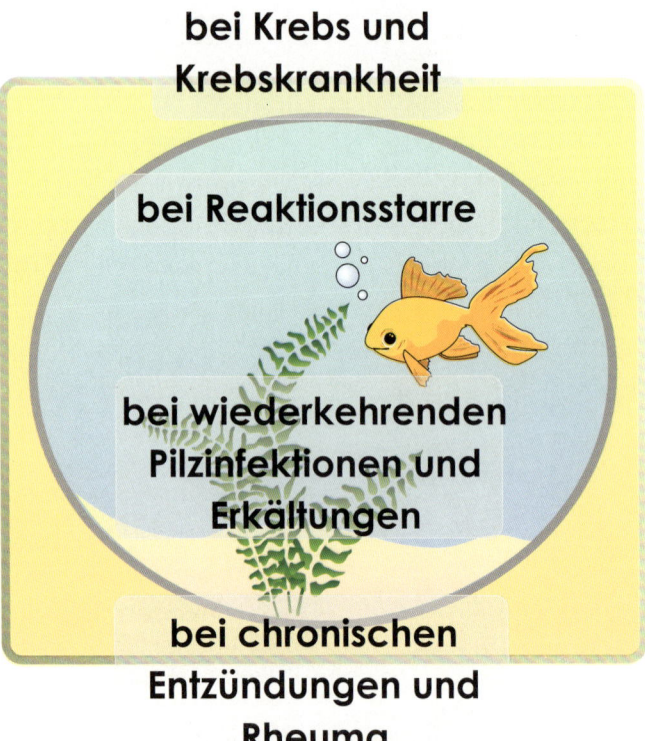

bei Krebs und Krebskrankheit

bei Reaktionsstarre

bei wiederkehrenden Pilzinfektionen und Erkältungen

bei chronischen Entzündungen und Rheuma

- GERLACH, F.: Krebs und obligater Pilzparasitismus. Semmelweis Verlag • HOFFMANN, K.: Rette Dein Immunsystem, 4 Flamingos Verlag • IRMEY, T.: 110 bewährte Methoden der biologischen Krebstherapie, Haug Verlag • NEUMEYER, G.: Thymuspeptide zur Behandlung von chronischen und malignen Erkrankungen, Haug Verlag • OETTMEIER, R. / REUTER, U.: Gezielte Immunstimulation mit Thymus- und Organextrakten. Erfahrungsheilkunde 10/1998 • REUTER, U und OETTMEIER, R.: Biologische Krebsbehandlung heute - Sag' JA zum Leben. Fachverlag im LEBEN • SCHUHMANN, H.: Thymusextrakte, Sommer

10 Immunstimluation

allgemein
1. Schlafplatzsanierung
2. Abbau von Störfeldern
3. Ausleitung von Giftstoffen
4. allgemeine Anregung von Organfunktionen
5. Verbesserung im Säure-Basen-Gleichgewicht
6. gesunde und richtige Ernährung
7. Darmsanierung und Symbioselenkung
8. optimale Ergänzung mit Vitaminen und Nährstoffen
9. Bewegung, sportlicher Ausgleich, Sauerstoff-Therapie
10. psychische Harmonisierung, Abbau von sozialem Streß

unspezifisch
1. Eigenbluttherapie
2. Eigenurintherapie
3. Echinacea-Präparate
4. Neuraltherapie
5. Akupunktur
6. Enzyme
7. Bioresonanzverfahren
8. Magnetfeldtherapie u.a.

spezifisch
1. Misteltherapie
Behandlung mit Mistelpräparaten verschiedener Wirtsbäume mit dem Ziel der Hebung der Körperbasistemperatur (ML-1-standardisiert oder Verdünnungs- und Potenzreihen gemäß anthroposophischer Lehre).

2. Thymus- und Organextrakte
Behandlung mit Organpräparaten aus Thymus, Milz, Leber, Nabelschnur (Mesenchym) oder entsprechenden Peptidpräparaten zur Stimulation und Modulation der Abwehrzellen, insbesondere der T-Lymphozyten.

3. Hyperthermie & Fiebertherapie
Örtliche oder ganzkörperliche Erzeugung von Fieber durch spezielle IR-Wärmeliegen (passive Hyperthermie) oder Einspritzung fiebererzeugender Seren (aktive Fiebertherapie).

4. spezielle Pflanzenstoffe
Einsatz von abwehrsteigernden und tumorhemmenden Pflanzenextrakten wie chinesischer Wermut (Artesiminin), Ingwer (Curcumin), Taigawurz oder mittels Spezialpräparaten der Erfahrungsmedizin (UKRAIN, Galavit, SPES, OPC u.a.).

11 Manuelle Medizin, Osteopathie, Physiotherapie und Bewegung

Ursachen beseitigen · **Entschlackung** · **Regeneration** · **Harmonisierung**

Bewegung, Ausgleichssport

- Entsprechend dem Beschwerdebild sollte immer eine möglichst große Eigenaktivität erhalten werden.
- Dadurch erreicht man mehr Sauerstoffaufnahme, weniger Übersäuerung und eine Anregung der Verdauung.
- Z.B. Trampolin springen, Jogging, Walking, Fahrrad fahren, Spaziergänge, Wandern, Freizeitsport.
- Oder die Durchführung von Hausübungsprogrammen, Fünf Tibeter und Qi gong, Tai Chi

- KOLSTER, B.: Leitfaden Physiotherapie. Urban & Fischer • NEWIGER, Ch.: Osteopathie: Sanftes Heilen mit den Händen. Trias, Stuttgart • LIEM, T.: Osteopathie. Die sanfte Lösung von Blockaden. Irisiana-Verlag
- STRUNZ, U.: Forever young - das Leicht-Lauf-Programm, Gräfe & Unzer
- DARGATZ, T.: Rückentraining. Praktische Hilfe für einen aktiven Alltag. Copress Sport • KELDER, P.: Die 5 Tibeter. Scherz Verlag • KEMPF, H.: Die Rückenschule. RoRoRo • BÖS, K.: Walking. Gondrom-Verlag

11 Manuelle Medizin, Osteopathie, Physiotherapie und Bewegung

Manuelle Medizin & Cranio-Sacrale Osteopathie
- besonders geeignet zur Lösung sog. Blockierungen an der Wirbelsäule
- Behandlungen in Längs- und Querachse
- Störungen des Cranio -Sacralen Rhythmus, von Schädelverbindungen und Rückenmarksverklebungen können korrigiert werden
- vordergründig sind Kopfgelenksregion, C1 (Atlastherapie) und die Übergangszonen der einzelnen Wirbelsäulenabschnitte
- reflektorische Verkettungen werden zur Beeinflussung von Störungen ausgenutzt
- wiederholt auftretende Blockierungen sind oft störfeldbedingt oder auf ungenügend trainierte Muskulatur zurückzuführen

Physiotherapie
aktiv
- entspannende und kräftigende Krankengymnastik
- YOGA, Qi gong und Taj Chi, Feldenkrais
- progressive Relaxation
- Sporttherapie, aktive Geräteübungen

passiv
- Wärme- und Kälteanwendungen, Fango, Pelose, Heusackpackungen
- Massagen aller Art, Reflexzonen- und Spezialmassagen (Triggerpoint-, Akupunkt-, Meridianmassage, Shiatsu)
- Fußreflexzonentherapie
- Wasseranwendungen (Teil- und Vollbäder, Kneipp´sche Güsse, galvanische Bäder, Sitzbäder),
- entstauende Massagen, Lymphdrainage, Darmmassagen, Dauerbrause
- Dehntechniken, Bürstungen
- Biomechanische Stimulation

12 Innere Harmonie finden

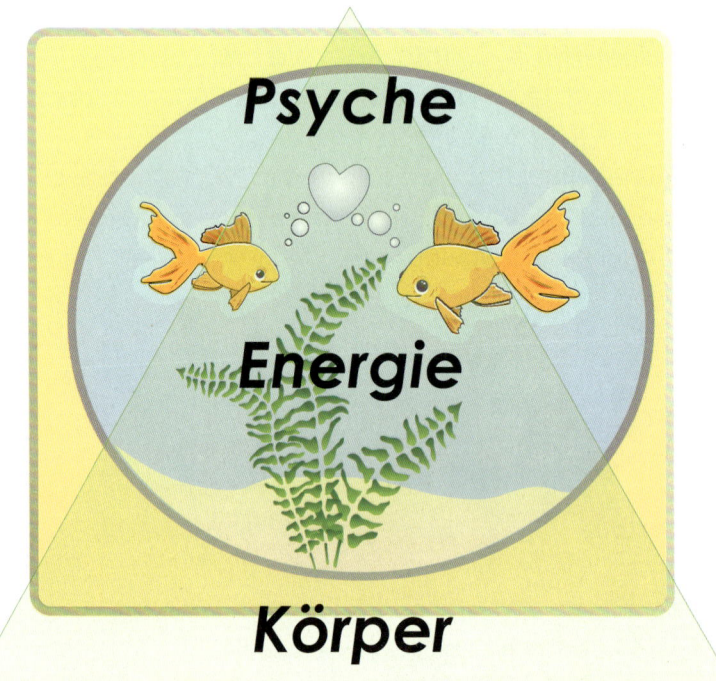

Psyche

Energie

Körper

• BO YIN RA: Der Weg zu Gott. Kober Verlag Bern • BO YIN RA: Das Buch des Trostes. Kober, Bern • DAHLKE, R.: Krankheit als Sprache der Seele. Goldmann, München • DETHLEFSEN, T. / DAHLKE, R.: Krankheit als Weg. Goldmann, München • DOSSEY, L.: Heilende Worte. Bruno Martin Verlag • EGLI, R.: Das LOL^{2}A-Prinzip. Verlag Edition d'Ólt, Oetwil • EHRMANN, M.: Desiderata, Paloch Verlag Augsburg • FERRINI, P.: Christus in Dir, Aurum Verlag Bielefeld • HAMER, R.: Krebs - Krankheit der Seele. Köln • LASSEN, A.: Heute ist mein bester Tag, LET Verlag Bruchköbel • MOHR, B.: Bestellungen beim Universum. Omega-Verlag Düsseldorf • MURPHY, J.: Die Macht des Unterbewusstseins. Ariston Verlag Genf • REUTER, U. / OETTMEIER, R.: Biologische Krebsbehandlung heute - Sag' JA zum Leben. Fachverlag im LEBEN Greiz • SCHÄFER, T.: Was die Seele krank macht und was sie heilt. Droemer Knaur Verlag • SCHEFFER, M. / STORL, W.-D.: Die Seelenpflanzen des Edward Bach. Irisiana Verlag München • SHELDRAKE, R.: Das schöpferische Universum

12 Seele und Geist - die wichtigsten Behandlungsebenen?

Die direkte Einbeziehung von Geist und Seele in eine ursächliche Behandlung ist der entscheidende Punkt im Bemühen um eine Genesung. Auch wenn die Standardmedizin bisher diesen Ebenen nur geringen Wert beimißt, sind sie es doch, zu deren Harmonisierung der Patient selbst am meisten beitragen kann und dabei einen großen Nutzen erzielt.

Unter der Psychoimmunologie wird aus wissenschaftlicher Sicht die Beziehung von Geist, Seele und Abwehrsystem verstanden. Die aktive Psychotherapie beinhaltet Methoden, bei denen der Behandler und der Patient im gemeinsamen Bewusstsein der Heilung arbeiten und über diesen Weg Emotionen und im Unterbewusstsein versteckte Konflikte gemeinsam aktiv angehen.

Methoden zur Beeinflussung des Unterbewussten lösen seelische Konflikte aus der Vergangenheit, die heute noch wirken können. Die „Programmierung" des Unterbewusstseins auf eine aktive Mitwirkung zur Heilung stellt die Hauptzielrichtung vieler wirksamer Suggestiv- und Visualisierungstechniken dar.

Die besondere Rolle der Familie

Obgleich unsere moderne Gesellschaft größten Wert auf Unabhängigkeit legt, Singles immer häufiger und die Familien immer kleiner werden, haben familiäre Kräfte doch eine ungewöhnlich hohe Wertigkeit im Rahmen von Krankheitsentwicklung und -überwindung. Sofern Sie in Ihrer Familiensituation (insbesondere Kinder, Eltern, Großeltern) deutliche Schwachpunkte finden, wird auch hier eine Harmonisierung unbedingt angeraten. Harmonisierung bedeutet Liebe zu geben, die Stellung in der Familie anzuerkennen, aufeinander zugehen zu können, sich auszusprechen und zu verzeihen. In scheinbar unlösbaren Konfliktsituationen empfiehlt sich eine systemische Familientherapie, die oft auch ohne die betreffenden Familien-angehörigen ausgesprochene Wirksamkeit entfaltet.

12 Die Seele wieder in Harmonie bringen, Ängste durch Vertrauen ersetzen und loslassen können

Eine Überforderung der individuellen Leistungsgrenzen führt auch im geistig-seelischen Bereich zu einer Anspannung, die man als Stress bezeichnet. Hält dieser Stress an, werden die Anpassungsmöglichkeiten immer mehr eingeschränkt und es kommt zu Störungen auf allen Körperebenen. Konflikte binden bis zu deren Lösung wertvolle Lebensenergie. Besonders Ängste sind lebensfeindlich und sollten durch Vertrauen ersetzt werden. Das Loslassen von festgehaltenen Konflikten hingegen setzt Energie für eine Gesundung frei.

Befreien Sie sich von „Altlasten" und zurückliegenden Problemen.

Wichtige Behandlungsverfahren für Seele und Geist

⇨ **Psychoenergetische Verfahren**
Über Bio-Feed-Back-Tests (Körper-Antwort-Verfahren), wie z.B. die Kinesiologie, können problematische Gefühlsbereiche erkannt und durch gezielte Behandlung diese ungelösten seelischen Konflikte (USK) gelöst bzw. harmonisiert werden.

⇨ **Autosuggestion/Affirmation/NLP**
Durch bewusste Selbstbeeinflussung mit Worten und heilungsfördernden Formeln (Autosuggestion) oder positiven Glaubenssätzen (Affirmationen), von deren Inhalt man fest überzeugt ist, kann man gezielt Harmonie für Körper und Geist herbeiführen. In der Neurolinguistischen Programmierung (NLP) werden suggestive Inhalte selbst oder durch den Therapeuten ausgesprochen und lenken die Gedanken in eine heilungsfördernde Richtung.

⇨ **Time Line - Lebenswegbehandlung**
Von der Zeugung an werden angenehme, wie auch unangenehme Erlebnisse gemeinsam mit den dazugehörigen Gefühlen von unserem Unterbewusstsein abgespeichert. Die Time-Line-Behandlung bewirkt ein Vergessen im seelischen Bereich und kann festes Vertrauen für die Zukunft aufbauen.

12 Die Seele wieder in Harmonie bringen, Ängste durch Vertrauen ersetzen und loslassen können

⇨ **Visualisieren/Imagination**

Da Bilder eine vielfach höhere Beeinflussung des Unterbewusstseins ermöglichen, haben besonders durch SIMONTON Techniken der Visualisierung bzw. Imagination im Rahmen der Krebsbehandlung Bedeutung gewonnen. Auch diese Techniken sind mittels Kursen und Fachliteratur für jeden erlernbar.

⇨ **Gedankenlenkung**

Die Gedankenlenkung bezieht sich auf die tägliche Programmierung des Unterbewusstseins mit dem Ziel, neue Gedankeninhalte stabil zu manifestieren und im HIER und JETZT zu sein. Für den Krebskranken heißt die Programmierung LEBEN.

⇨ **BACH-Blütenessenzen oder Rosenblüten**

Bei geübter Auswahl oder durch Testung können BACH-Blütenessenzen oder Rosenblüten zur geistig-seelischen Harmonisierung beitragen.

⇨ **Lachtherapie - denn Lachen ist gesund!**

Und hier etwas für die Sofortanwendung. Denn Sie brauchen das Lachen nicht erst zu erlernen. Lachen ist gesund! Wenigstens 7 Minuten pro Tag „ausgelassen Fröhlichsein" – versuchen Sie es!

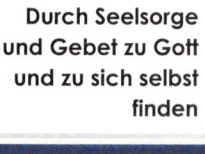

Stille genießen ...

Durch Seelsorge und Gebet zu Gott und zu sich selbst finden

Den Berg der Gesundheit zu erreichen, kann Anstrengung bedeuten

Haben Sie Geduld und bald können Sie die Bergspitze sehen, und in kleinen Schritten schaffen Sie es. Setzen Sie sich nahe Ziele, dann werden Sie mit dem Blick vom Gipfel belohnt.

Gesundheit, Krankheit und Krankheitsentwicklung

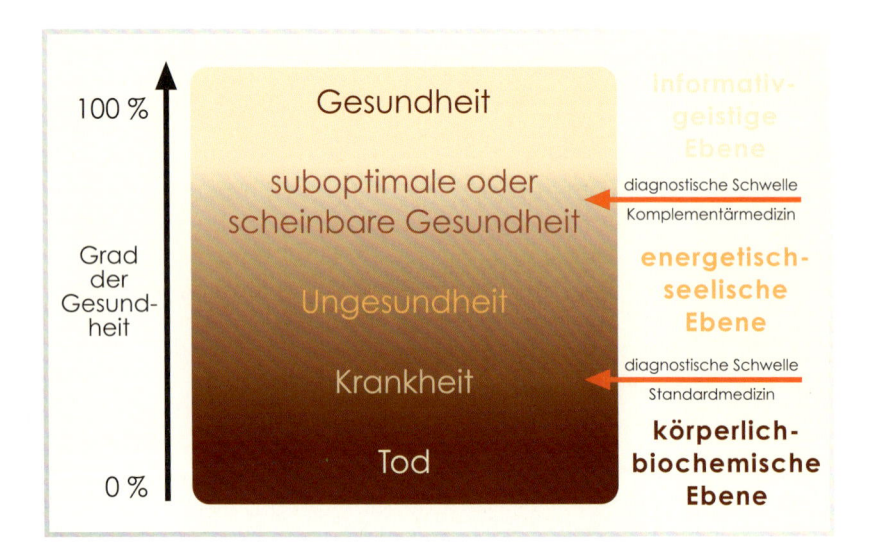

100 % — Gesundheit
suboptimale oder scheinbare Gesundheit ← diagnostische Schwelle Komplementärmedizin
Ungesundheit
Krankheit ← diagnostische Schwelle Standardmedizin
0 % — Tod

Grad der Gesundheit

informativ-geistige Ebene
energetisch-seelische Ebene
körperlich-biochemische Ebene

Die Krankheitsentwicklung

... erfolgt im allgemeinen stufenweise und erfordert bis zum offensichtlichen Ausbruch erst eine Summation von negativen Einzelreizen. Die Störfaktoren können auf allen Körperebenen ansetzen und sind oft nicht im einzelnen erfaßbar. Die Auseinandersetzung des Körpers gegenüber Störfaktoren darf nicht widernatürlich unterdrückt werden.

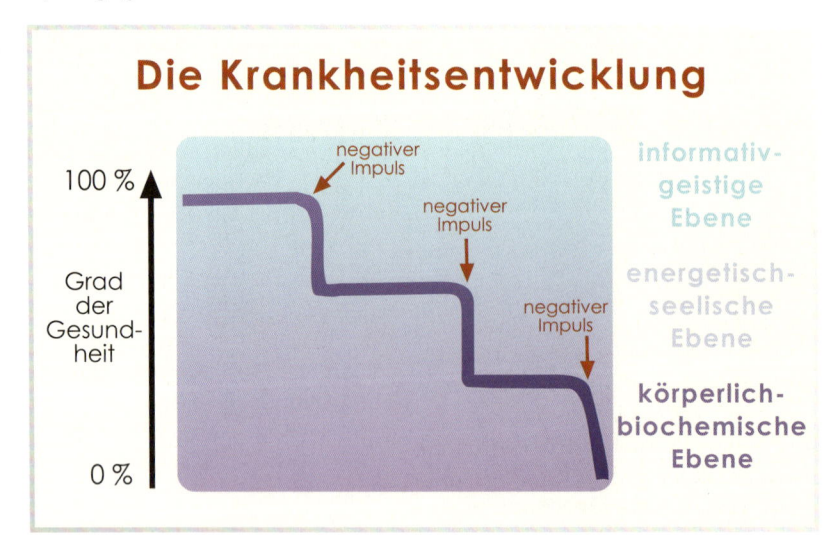

Die Krankheitsentwicklung

negativer Impuls
negativer Impuls
negativer Impuls

Grad der Gesundheit: 100 % → 0 %

informativ-geistige Ebene
energetisch-seelische Ebene
körperlich-biochemische Ebene

Gesundheit, Krankheit und Krankheitsentwicklung

Vollgesundheit

... entspricht: Normales Aussehen, Verhalten und Befinden, d.h. das subjektive Fehlen von körperlichen und seelischen Störungen bzw. die Nichtnachweisbarkeit funktioneller oder organischer Störungen und Veränderungen. Dazu gehört ein vollständiges Wohlbefinden in körperlicher, energetischer, seelischer und sozialer Hinsicht.

Krankheit

... bedeutet die objektive und subjektive Störung der Vollgesundheit.
Als **suboptimalen Gesundheitszustand** bezeichnet man erste Abweichungen vom Normalzustand - d.h. Frühschäden oder -mängel, wie Gebiß-, Haltungs-, Verdauungsstörungen usw. Es besteht Beschwerdefreiheit.
Der **durchschnittliche Gesundheitszustand** zeigt bereits deutliche funktionelle Störungen mit Verlust normaler Regulationsabläufe. Dazu zählt die funktionelle Darmstörung (Verstopfung, Durchfall usw.) oder Schlafstörungen in erster Linie. Die Laborwerte sind normal. Das Wohlbefinden ist zeitweise durch "banale" Beschwerden gemindert. Medikamente werden nur zeitweise benötigt.
Die **Ungesundheit** stellt den häufigsten Zustand unserer Bevölkerung dar. Diese Menschen sind labortechnisch gesehen vorwiegend gesund. Sie fühlen sich aber subjektiv nicht mehr ganz gesund, aber auch nicht richtig krank, da sie trotz ihrer Beschwerden/Störungen ihre Alltagspflichten bewältigen können. Es zeigen sich bereits deutlich nachweisbare funktionelle Veränderungen, wovor diese „Halbkranken" ihre Augen nicht verschließen sollten.
Durch kleine Auslöser kommt es dann zum akuten Ausbruch einer Erkrankung, die oft übergeht in eine

chronische Krankheit

Alle Erkrankungen, die länger als 4-6 Wochen bestehen oder kurzfristig hintereinander über mindestens ein viertel Jahr bestehen, werden als chronische Krankheiten bezeichnet. Häufig entstehen und bestehen diese Leiden über viele Jahre. Chronische Krankheiten gehen mit Störungen vieler Organsysteme, des Abwehr- und Hormonsystems einher. Eine Ursache läßt sich nur noch selten zuordnen. Eine Regulationsstarre (mangelhafte oder fehlende Körperreaktion gegenüber Reizen jeder Art, z.B. fehlendes Fieber bei Erkältung u.v.a.m.) durch jahrelange Störungen und Organschäden erschwert häufig eine regulative Behandlung.
Die Behandlung chronischer Krankheiten erfordert Zeit und Konsequenz. Sie verlangt häufig dem Patienten wie auch Behandler viel Geduld ab.

Zellularpathologie

Grundlage der Schul- bzw. Standardmedizin

„die Zellmaschine"

Prinzip:

▶ alle Krankheiten haben ihren Ursprung in Störungen der Zellfunktionen (bes. biochemisch)

▶ die umgebende Zwischenzellsubstanz gilt nur als Transitstrecke und Füllgewebe

▶ Zellstörungen können durch äußere Regulatoren (bes. Pharmaka) gesteuert werden

▶ der Zwischenzellsubstanz wird keine aktive Rolle zugeordnet; dementsprechend ansetzende Behandlungsverfahren werden abgelehnt

Humoralpathologie

Grundlage vieler klassischer Naturheilverfahren

„Säftelehre"

Prinzip:

⮕ Störungen des Gleichgewichtes der Säfte (Blut, Lymphe, Galle usw.) werden zur Ursache aller Krankheiten erklärt

⮕ die „Reinigung" der Säfte durch verschiedenste Methoden steht im Mittelpunkt therapeutischer Bemühungen

⮕ die Bedeutung der Organe und Zellen wird eher vernachlässigt

Was ist integrative und komplementäre Medizin?

Die aus dem Lateinischen kommenden Worte bedeuten *„einfügen"*, *"eingliedern"* bzw. *"hinzufügen"* und *„ergänzen"*. „Komplementär" bedeutet in der Farbenlehre auch die Zusammenführung von scheinbar Gegensätzlichem (Komplementärfarben), welche wiederum im Ergebnis eine Einheit bilden.

Es handelt sich demzufolge um medizinischer Verfahren, welche einerseits die in vielen Fällen unverzichtbare Diagnostik und ggf. auch Therapie der Standardmedizin mit dem Ziel einer Ergebnisoptimierung ergänzen bzw. vervollständigen. Andererseits vermögen die Verfahren der biologischen Medizin auch bei alleiniger Anwendung (bes. im Frühstadium von Erkrankungen) die Heilung herbeizuführen.

Die „Grundsystemlehre nach Prof. Pischinger und Prof. Heine" führt die scheinbar gegensätzlichen Medizinsysteme auf fester anatomischer und physiologischer Basis zusammen. Die Vertreter dieser Medizin versuchen, insbesondere die Vorteile beider Systeme zum Nutzen für den Kranken zu vereinen (sog. integratives Konzept).

Die Grundsystemlehre als Grundlage der **„Medizin der Zukunft"** überwindet die scheinbar unüberbrückbaren Gegensätze zwischen Standard- und Naturmedizin und beendet die häufig polemischen Argumentationen gegeneinander. Insbesondere bei schweren chronischen Krankheiten und Krebs kommt keine Seite der klassischen Medizinrichtungen ohne Ergänzungen der scheinbaren Gegenseite aus. Die Biologische Medizin auf der Basis der Grundsystemlehre gibt dem Aquarium ein optimales Erscheinungsbild - weder "Fische" (Zellen) noch „Fischumgebung" (Wasser, Pflanzen) werden qualitativ als auch quantitativ überbewertet.

Grundsystemlehre

Grundlage der Biologische Medizin

Das System der Grundregulation nach Prof. Pischinger und Prof. Heine

Prinzip:

▶ Krankheiten haben ihren Ursprung in Störungen der Wechselwirkung zwischen Zelle und Zellmilieu

▶ der Störung zellulärer Mechanismen geht im Allgemeinen eine Milieuveränderung der Grundsubstanz voraus

▶ therapeutisch steht die Sanierung der Grundsubstanz und die Regulierung von hierarchischen Steuerprozessen des Grundsystems im Mittelpunkt

Adressen

In diesem Kapitel sind für Sie eine Auswahl der wichtigsten Gesellschaften und Kontaktadressen zusammengestellt worden, welche zur Umsetzung der Hauptinhalte dieser Broschüre weiterhelfen sollen. Sie können sich mit Ihrem Anliegen problemlos an die Geschäftsstellen der jeweils interessierenden Gesellschaft wenden und um Auskunft bitten.

Internet

Wenn es um einen schnellen Zugang zu Informationen geht, hat sich hierfür inzwischen das Internet sehr bewährt. Sollten Sie noch nicht über dieses Datenmedium verfügen, so lassen Sie sich von Ihren Kindern, Enkeln, Freunden und Bekannten helfen. In vielen Städten gibt es auch so genannte „Internet-Cafes".

Zum Umgang mit dem Internet sind folgende Tipps zu beachten:
- Nutzen Sie beim Nichtvorliegen einer genauen Adresse eine sog. Suchmaschine. Einige Suchmaschinen sind nachfolgend aufgelistet.
  Die meisten sind über mehrere Endungen, wie .de oder .at oder .ch oder .com erreichbar.

www.altavista.de	www.excite.de
www.fireball.de	www.google.de
www.HotBot.de	www.lycos.de
www.web.de	www.yahoo.de

- Geben Sie den „Suchbegriff" möglichst genau ein, um nicht einer unüberschaubaren Menge von Ergebnissen gegenüber zu stehen. Bei mehreren Suchbegriffen beginnen Sie mit einem „+" und setzen zwischen alle folgenden Begriffe ebenfalls „+". (z.B. „+ *biologisch* + *tumorabwehr*").
- Das Internet erspart Ihnen in keinem Falle, die „Spreu" vom „Weizen" zu trennen. Hierzu sollten Sie unbedingt mit Ihrem Arzt oder Therapeuten des Vertrauens sprechen.
- Viele Internetdarstellungen sind einseitig übertrieben und künden von Wunder- oder Allheilmitteln. Prüfen Sie immer auf Seriosität.
- Vor Medikamentenkauf via Internet wird gewarnt. Sie erwerben eventuell Produkte, deren Qualität keinen strengen Normativen der Gesundheitsbehörden unterliegen.

Adressen

Nachfolgend sind einige Adressen aufgelistet, die keine Wertung darstellen, aber im Allgemeinen die bekanntesten Ansprechpartner beinhalten.

Akupunktur
- **DGfAN - Deutsche Gesellschaft für Akupunktur und Neuraltherapie e.V.**
  D-07368 Ebersdorf/ Thüringen, Mühlweg 11; Tel. 036651-55075, Fax. 036651-55074,
  E-mail: dgfan@t-online.de, www.dgfan.de
- **DÄGfA - Deutsche Ärztegesellschaft für Akupunktur e.V.**
  D-81375 München, Würmtalstraße 54; Telefon (089) 7 10 05 11, Fax (089) 7 10 05 25,
  E-Mail: fz@daegfa.de, www.daegfa.de

  🔎 SUCHEN (Ärzteliste): www.akupunktur.de

ASLAN-Therapie
- **ASLAN Holding International GmbH**
  D-59939 Olsberg, Mühlenufer 5; Tel. 02962-9799-0, Fax. 02962-9799-29,
  E-mail: aslan@t-online.de, www.aslan.info

Biologische und komplementäre Krebstherapie
- **Gesellschaft für Biologische Krebsabwehr, Hauptgeschäftsstelle**
  D-69117 Heidelberg, Hauptstraße 44; Tel: 06221-138020, Fax: 13802-20,
  E-mail: information@biokrebs.de
- **im LEBEN - Ärztenetzwerk für integrativ biologische Krebsmedizin**
  D-07973 Greiz, Gartenweg 6; Tel. 03661-689870, Fax. 03661-689872

  🔎 SUCHEN (ambulant): www.medizin-imLEBEN.de oder
  www.akademie-imLEBEN.de/index.php/partner/

  🔎 SUCHEN (Kliniken, Tageskliniken und Reha-Zentren): www.biokrebs.de

Elektroakupunktur und bioenergetische Medizin
- **Internationale Medizinische Gesellschaft für Elektroakupunktur nach Dr. Voll**
  D-47533 Kleve, Am Sender 3; Tel. (02821) 27833
- **Heilpraktiker-Gesellschaft für Elektroakupunktur nach Voll e.V.**
  D-63856 Bessenbach, Am Wingert 6; Tel. (06095) 999794

Homotoxikologie
- **Internationale Gesellschaft für Homotoxikologie e.V.**
  D-76483 Baden-Baden, Postfach 100 264 /Bahnackerstraße 16, D-76438 Baden-Baden
  Tel: (+49) 7221-6 32 52, Fax: (+49-) 7221-50 1 490
- **Österreichische Ärztegesellschaft für Homotoxikologie und antihomotoxische Medizin**
  A-1232 Wien, Postfach 64; Tel.: (+43-1) 615 63 09, Fax: (+43-1) 616 26 44 - 97,
  E-mail: homotox.austria@rocketmail.com

Orthomolekulare Medizin
- **Deutsche Gesellschaft für Orthomolekulare Medizin e.V.**
  D-41061 Mönchengladbach, Sittardstrasse 21

Adressen

Naturheilverfahren allgemein (incl. Anthroposophische Medizin)
- **Zentralverband der Ärzte für Naturheilverfahren e.V.**
  D-72250 Freudenstadt, Am Promenadenplatz 1; Tel. 07441 - 91 858 0
  E-Mail: mail@zaen.org, www.zaen.de
- **Hufeland-Gesellschaft für Gesamtmedizin**
  D-76199 Karlsruhe, Ortenaustr. 10; Tel.: 0721-88 62 76, Fax: 0721-88 62 78
- **Ärztegesellschaft für Erfahrungsheilkunde e.V.**
  D-69121 Heidelberg, Im Weiher 10; Tel. 06221/489-469 oder 06221/4756-00
- **Interessengemeinschaft deutscher Heilpraktikerverbände e. V.**
  D-40223 Düsseldorf, Sternwartstr. 42; Tel.; 0211/ 9017 28 0
- **E.F.N.M.U., Europäischer Verbraucherverband für Naturmedizin**
  D-58313 Herdecke, Beckweg 4; Tel.: 02330/ 62 35 35
- **Deutsche Gesellschaft für alternative Medizin e.V.**
  D-30161 Hannover, Drostestraße 14; Tel.: 0511-3 94 04 97
- **Gesellschaft anthroposophischer Ärzte in Deutschland e.V.**
  D-70794 Filderstadt, Roggenstrasse 82
- **Schweizerische Ärztegesellschaft für Erfahrungsmedizin**
  CH-3000 Bern 7, Kornhausplatz 7, Postfach 969

  ⌕ SUCHEN (Ärzteliste): www.zaen.de

Homotoxikologie
- **Internationale Gesellschaft für Homotoxikologie und antihomotoxische Therapie**
  D-76530 Baden-Baden, Bertholdstr. 7, Postfach 504

Neuraltherapie
- **DGfAN - Deutsche Gesellschaft für Akupunktur und Neuraltherapie e.V.**
  D-07368 Ebersdorf/ Thüringen, Mühlweg 11, Tel. 036651 / 55075, Fax. 036651 / 55074 E-mail: dgfan@t-online.de, www.dgfan.de
- **Internationale medizinische Gesellschaft für Neuraltherapie nach Huneke e.V.**
  D-72250 Freudenstadt, Am Promenadenplatz 1; Tel. 0 74 41/91 858 0,
  Fax: 0 74 41/ 91 858 22 oder D-68165 Mannheim, Lameystr. 30; Tel. 06 21/ 41 822 72,
  Fax: 06 21 / 41 71 96, www.neurathérapie-online.de
- **Deutsche medizinische Arbeitsgemeinschaft für Herd- und Regulationsforschung**
  D-47051 Duisburg, Kuhtor 1
- **Internationale Gesellschaft für Neuraltherapie nach Huneke**
  D-32805 Bad Meinberg-Horn, Am Müllerberg 24

Adressen

Homöopathie
- **Deutscher Zentralverein homöopathischer Ärzte e.V.**
  D-53113 Bonn, Am Hofgarten 5; Tel.: 0228-63 92 30, Fax: 0228-63 92 70,
  www.homoeopathy.de, www.dzvhae.de
- **Bundesverband Patienten für Homöopathie e.V.**
  D-37181 Hardegsen, Burgstraße 20; Tel.: 05505 – 1070, Fax: 05505 - 959666
  E-mail: BPH-Mail@t-online.de
- **Schweizerischer Verein homöopathischer Ärzte**
  CH-5610 Wohlen, Rigistr. 5

🔎 SUCHEN (Ärzteliste): www.bph-online.de

Hyperthermie
- **Deutsche Gesellschaft für Hyperthermie**
  D-40233 Düsseldorf, Ackerstr. 3; Tel. 0211/36 03 45

Organotherapie (Thymus, Milz u.a.m.)
- **OrganoMed Laborgemeinschaft Dr. Neumeyer GbR**
  D-22767 Hamburg, Gademanndtr. 16; Tel.: 040-30684455, Fax: 040-30684468,
  Internet: www.organomed.org

MAYR-Medizin (F.X. MAYR Medizin)
- **Internationale Gesellschaft der F.X. Mayr-Ärzte**
  A-6072 Lans, Kochholzweg 153; Tel.: 0043-664-9228294, Fax: 0043-512-397125,
  E-mail: office@fxmayr.com

🔎 SUCHEN (Ärzteliste): www.fxmayr.com

Mikroimmuntherapie
- **Ärztliche Gesellschaft für Mikroimmuntherapie**
  D-79115 Freiburg, Baseler-Str. 115; Tel. 0761-4787133, HotLine 0800-1811 637

Sauerstofftherapie
- **Internationale Ärztegesellschaft für Sauerstofftherapie und Forschung e.V.**
  Dr. med. Klaus Buxbaum, 63303 Dreieich, Am Lachengraben 22; Tel.: 06103/98460,
  Fax: 06103/984625, www.sauerstoff-therapie-forschung.de

Schmerztherapie
- **Deutsche Gesellschaft für Schmerztherapie e. V.**
  D-61440 Oberursel, Adenauerallee 18; Tel.: 06171-2860 0, Fax: 06171-28606069,
  E-mail: info@dgschmerztherapie.de, www.dgschmerztherapie.de
- **Deutsche Schmerzliga e.V.**
  D-61440 Oberursel, Adenauerallee 18; Tel.: 0700/ 375 375 375, Fax.: 0700/ 375 375 38,
  E-mail: info@dsl-ev.de

🔎 SUCHEN (Ärzteliste): www.stk-ev.de

Adressen

Systemische Familientherapie nach HELLINGER
- Das Virtuelle Bert-Hellinger-Institut für systemische Lösungen nach Bert Hellinger
  www.hellinger.com
- Bert Hellinger Institut Freiburg
  www.ulsamer.com

Thermographie/ Regulationsthermographie
- Dt. Gesellschaft für Thermographie und Regulationsmedizin e.V.
  Dr. med. Helmut Sauer, D-76337 Waldbronn, Rheinstr. 7; Tel.: 0 72 43 - 6 60 22, Fax: 0 72 43 - 6 59 49, www.thermomed.org

Zahnheilkunde (ganzheitlich-biologisch)
- Bundesverband der naturheilkundlich tätigen Zahnärzte in Deutschland e.V.
  D-50968 Köln, Von-Groote-Str. 30; Tel.: 0221-3761005, Fax.: 0221-3761009, www.bnz.de
- GZM - Internationale Gesellschaft für Ganzheitliche Zahn-Medizin e.V.
  D-68239 Mannheim, Seckenheimer Hauptstraße 111; Tel.: 0621-476400, Fax: 0621-473949, E-mail: gzm@gzm.org

  🔍 SUCHEN (Zahnärzteliste): www.gzm.org/homeframe.htm oder www.bnz.de/ml/mitglieder.htm

Naturkostläden
- MfN Marketing für Naturkost GmbH Büro Berlin, Bernd Hoppe
  D-10115 Berlin, Anklamer Straße 38; Tel.: 030-44358120, Fax: 030-44358122,
  E-mail: mfnberlin@t-online.de
- Bioladen LEBENsquell
  D-07973 Greiz, Bahnhofstr. 3; Tel.: 03661 – 674295, www.bioladen-greiz.de
- Bundesverband Naturkost Naturwaren Einzelhandel e.V.
  D-50354 Hürth, Robert-Bosch-Str. 6; Tel.: 02233-96338-22, Fax: 02233-96338-20,
  E-mail: BNN-Einzelhandel@t-online.de, Internet: www.n-bnn.de

  🔍 SUCHEN (Naturkost in Ihrer Nähe): www.naturkost.de

Baubiologen, Gesundes Bauen
- Baubiologen
  Gerd Brendel, Ortsstr.19, 07926 Dobareuth, Gerd.Brendel@t-online.de
- Bundesverband Gesundes Bauen und Wohnen e.V.
  D-38005 Braunschweig, Postfach 1543; Tel. 0531-352851, Hotline: 0531-352851
- Institut für Baubiologie und Ökologie – IBN, Unabhängige private GmbH
  D-83115 Neubeuern/Oberbayern, Holzham 25; Tel.: 08035/2039, www.baubiologie.de
- Verband Deutscher Baubiologen e.V., Bundesgeschäftsstelle
  D-91207 Lauf, Oberwiesenthaler Straße 18; Tel.: 09123 – 984012, Fax: 09123 – 984013,
  E-mail: netzwerk@baubiologie.net

  🔍 SUCHEN: http://home.t-online.de/home/bruno.hennek/intern.htm

Fachverlag im LEBEN
Praxisnahes Wissen für ganzheitliche Gesundheit

Der Fachverlag im LEBEN bietet Ihnen weitere nützliche Produkte, die Sie während Ihrer Therapie begleiten und unterstützen können.

Biologische Krebsbehandlung heute - oder: Sag' JA zum Leben

Mit diesem Buch werden Sie Krebs verstehen und Ihren persönlichen Weg zur Heilung finden - durch Wissen, eigenen Willen und Engagement.

Damit Sie wieder „JA" zum Leben sagen können.

Ansprechend und verständlich für jeden Lesertyp ...
- übersichtliche Zusammenfassungen zu jedem Kapitel,
- über 100 farbige Abbildungen und Tabellen,
- anschauliche Fallbeispiele, Praxistipps, Hinweise für weiterführende Literatur,
- übersichtliche Behandlungsvorschläge.

weitere Informationen im Internet unter **www.sag-ja-zum-leben.de**

ISBN: 3-935883-04-8

Preis: 18,- € pro Stück

Produkte zum Buch "Sag´JA zum Leben"

• **Miniposter,** Größe 42 x 59 cm zu den Themen des Buches, Ideal zum Vertiefen der ganzheitlichen Medizin für Sie zu Hause, für das Wartezimmer bei Therapeuten und zur Information in Ihren Vereinsräumen:

* (1) Unsere Medizin heute
* (2) Standardtherapie bei Krebs
* (3) Die kleine Welt unseres Körpers
* (4) Gesundheit und Krankheit
* (5) Umgang mit Krebs
* (6) Ganzheitliche Diagnostik
* (7) SkaSys® - das neue Diagnostiksystem
* (8) Dunkelfelddiagnostik und Isopathie
* (9) Gib der Säure keine Chance
* (10) Äußere und inner Belastungen
* (11) Das Gift muss raus

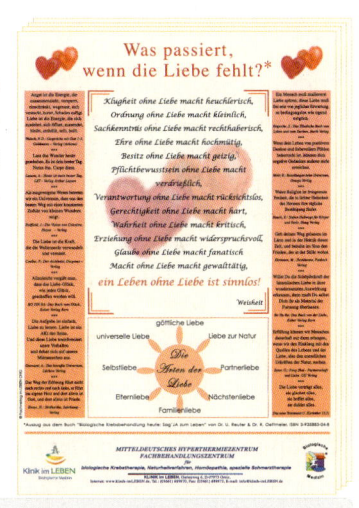

Preis: 5,- € pro Stück, 20 + 2 Miniposter: 40,- €, Gesamtpaket: 50,- €

* (12) Homotoxinlehre (Tabelle)
* (13) Procain-Base - DIE Regulationsbehandlung
* (14) Die Ernährung, die Sie brauchen
* (15) Leben und Essen nach F.X. MAYR
* (16) Energie tanken
* (17) Die Abwehr stärken
* (18) Behandlung mit Thymus- und Organopeptiden
* (19) So richtig einheizen - Hyperthermie
* (20) Homöopathie - Konsequenz auf allen Ebenen
* (21) Inhalte und Gefühlszuordnungen der Chakren (Tabelle)
* (22) Gefühlsatlas der Meridiane (nach KLINGHARDT, Tabelle)
* (23) Innere Harmonie finden
* (24) Ganzheitliche Psychotherapie
* (25) Behandlung nach Wichtigkeit, Ebenen und Stufen
* (26) Zum Leben zurück ...
* Was passiert, wenn die Liebe fehlt?

- **Maxiposter „Sag JA zum Leben"**, Größe 70 x 100 cm
    - Die wichtigsten Inhalte und Grafiken auf einen Blick.
    - Das ideale Poster für Sie zu Hause, für das Wartezimmer bei Therapeuten und zur Information in IhrenVereinsräumen.

    Preis: 10,- € pro Stück

- **Behandlungsplan „Mein Weg zur Heilung"**
Größe 34 x 48 cm
    - Übersichtliche Vorlage zur individuellen Therapieplanung.
    - Ihre persönliche Kontrolle und Dokumentation zum Mitführen.
    - Vielfältige Zusatzinformationen auf der Rückseite.

    Preis: 1,50 € pro Stück

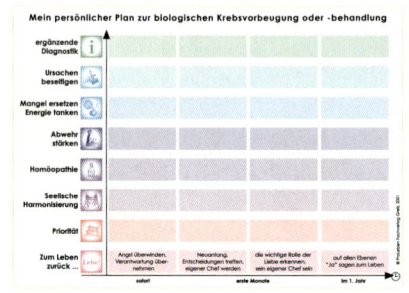

- **Hörbuch "Biologische Krebsbehandlung heute"**
    - Ein Wegweiser für Betroffene, Angehörige und zur Vorbeugung. Mit diesem Hörbuch können Sie Krebs verstehen lernen und Ihren persönlichen Weg zur Heilung finden - durch eigenen Willen und Engagement.
    - Ansprechend und verständlich für jeden Zuhörer begleiten Sie die "Hirnzelle", gesprochen von Michaela Merten, und "Lympho", gesprochen von Wolfgang Hess, durch dieses wissenswerte Thema.
    - Über den Dialog beider Zellen wird Ihnen - unterstützt durch viele Tipps und Erklärungen - viel Interessantes zum Thema Krebs aus Theorie und Praxis vermittelt.

    Preis: 29,90 € pro Stück

- **Maxiposter „Wie ein Fisch im Wasser"**, Format 70 x 100 cm, 2. Auflage
    - Stufenkonzept der Vorbeugung und Behandlung von chronischen Erkrankungen.
    - Übersichtliche Darstellung der Hauptkomponenten ganzheitlicher Vorbeugung und Behandlung.

    Preis: 10,- € pro Stück

Akademie im LEBEN
Integrative Biologische Medizin

Fernschulung, Praktikums- und Präsenzkurs
„Gesundheitsberater im LEBEN"

Die angeschnittenen Themen der Broschüre werden in diesem Kurszyklus vertieft und erweitert. Die Referenten stehen den Teilnehmern für Fragen und zur praktischen Demonstration zur Verfügung. Praxisnah werden Sie so zu Kompetenz in Lebensfragen, Hilfe und Selbsthilfe motiviert.

Grundprinzipien der Vorbeugung und Behandlung von chronischen Krankheiten und Krebs

- Kursleiter: Dr. U. Reuter, Dr. R. Oettmeier
- Vorgehensweise:
  - Absolvierung Grundkurs "Praxis der Biologischen Medizin"
  - Fernschulung und Auswertung durch Therapeuten, jeweils schriftliche Zwischenprüfung pro Themenbereich
  - Abschlussseminar mit mündlicher Prüfung
- Zielgruppe: medizinische Laien und Therapeuten
- Weitere Auskunft erfragen unter:
  Akademi im LEBEN, Gartenweg 2a, 07973 Greiz, Tel. 03661-676396,
  Fax. 03661-45 87 00 31, www.akademie-imLEBEN.de
- Schulungsthemen:
  - Grundlagen der Biologischen Medizin
  - Baubiologie, Störfelder
  - Ausleitung und Entgiftung
  - Störherde, Biologische Zahnmedizin
  - Allergien, Schwermetalle
  - Energiegleichgewicht
  - Darmreinigung, F.X. Mayr Medizin
  - Gesunde Ernährung, Stoffwechseltypen
  - Säure-Basen-Gleichgewicht
  - Sauerstoff und orthomolekulare Medizin
  - Naturheilkundliche Arzneimittel (Homöopathie, Aromatherpie, Spagyrik...)
  - Biologische Immun- und Krebstherapie
  - Ganzheitliche Physiotherapie
  - seelische Harmonisierung - passive und aktive Entspannungsverfahren
- HINWEIS: bei vollständiger Absolvierung aller Kurse erhält der Teilnehmer das Zertifikat *„Gesundheitsberater im LEBEN"*

Gesamtpaket Fernschulung: 700.- €
+ Grundkurs "Praxis der Biologischen Medizin": 250,- €

Notizen

Die Autoren

Dr. med. Ralf Oettmeier

- geboren am 1.3.1961 in Hirschberg/ Saale, verheiratet, 6 Kinder
- Medizinstudium an der Friedrich-Schiller-Universität Jena
- 1988 Verteidigung der Promotion zum „Dr. med" im Fachbereich Osteologie
- 1988-1992 Ausbildung zum Facharzt für Orthopädie in Eisenberg
- zwischen 1985 und 1992 vielfache, auch internationale wissenschaftliche Aktivitäten im Bereich Osteologie und Rheumatologie
- seit 1993 niedergelassen in eigener Praxis in Greiz mit den Behandlungsschwerpunkten Reflextherapie (Chirotherapie, Akupunktur, Neuraltherapie) und ärztliche Homöopathie
- seit 1996 Anerkennung als schmerztherapeutisch arbeitender Arzt und Mitbegründer des Schmerztherapeutischen Kolloquium e.V. Greiz/ Vogtland
- 1998 Anerkennung der Zusatzbezeichnungen „Naturheilverfahren" und „spezielle Schmerztherapie"
- Mitgründer des Institut im LEBEN - Forschung und Kommunikation für Innovative Medizin
- seit 1998 leitender Arzt der Klinik und Praxis im LEBEN und des Fachbehandlungszentrums für biologische Tumorabwehr, Ernährungstherapie, Naturheilverfahren, spezielle Schmerztherapie und Homöopathie in Greiz
- 2001 Mitbegründer des Medizinverbund im LEBEN zur Entwicklung einer Qualitätssicherung in der ganzheitlichen Medizin

Dr. med. Uwe Reuter

- geb. 3.3.1961 in Zwickau, verheiratet, 2 Kinder
- bis 1986 Medizinstudium an Universität Greifswald, Abschluss mit Promotion
- bis 1991 Weiterbildung zum FA für Orthopädie an den Kliniken Löbau, Zwickau, München und Eisenberg
- seit 1986 Beschäftigung mit den Methoden der Reflexmedizin
- seit 1993 niedergelassen als homöopathischer Arzt und in fachübergreifender Gemeinschaftspraxis in Greiz/ Thüringisches Vogtland,
- Zusatzbezeichnungen „Homöopathie", „Chirotherapie", „spezielle Schmerztherapie" und „Naturheilverfahren"
- Gastdozent der Deutschen Gesellschaft für Akupunktur und Neuraltherapie
- seit 1993 Weiterbildungsleiter für Homöopathie in Thüringen
- seit 1996 Algesiologe/ STK und anerkannter Schmerztherapeut der KV
- 1997 Gastdozent zur Ringvorlesung „Naturheilverfahren" an der Universität Dresden
- seit 1998 diplomierter Fastenarzt nach F.X. MAYR
- Inaugurator der Procain -Basen-Infusion und Dauerperfusion
- Mitgründer des Institut im LEBEN - Forschung und Kommunikation für Innovative Medizin
- seit 1998 leitender Arzt der Klinik und Praxis im LEBEN und des Fachbehandlungszentrums für biologische Tumorabwehr, Ernährungstherapie, Naturheilverfahren, spezielle Schmerztherapie und Homöopathie in Greiz.

Wie ein Fisch im Wasser

... sollten Sie sich fühlen. So sagt man schon im [...] verbindet damit den Gedanken an Vitalität, Fit[ness ...] heit pur.

Die Verantwortung für Ihr Wohlbefinden sollten Sie selbst übernehmen. Der vorliegende Wegweiser möchte Ihnen hierbei zum ständigen Begleiter zur Vorbeugung von Gesundheitsstörungen und zur Unterstützung der Selbstheilungskräfte bei bereits vorliegender Erkrankung werden.

Die klare Gliederung der Inhalte erleichtert Ihnen ein schnelles Auffinden der für Sie interessanten Themen.

In bewährter Weise wurden die Bedürfnisse aller Lesertypen durch ansprechende Gestaltung mit vielen Illustrationen, verständlichen Texten und Hinweisen für weiterführende Literatur berücksichtigt. Im Anhang finden Sie ausführliche Zusatzinformationen zu relevanten Organisationen, Verbänden und Internetadressen.

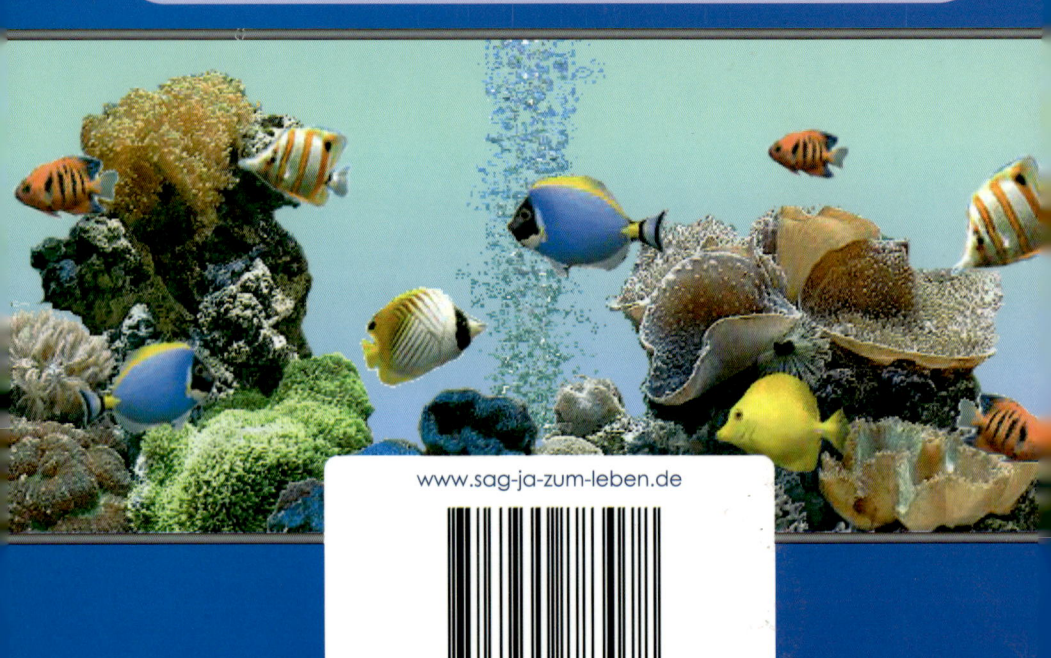

www.sag-ja-zum-leben.de

ISBN 978-3-935883-07-2